Mi familia

por Sally Terkel
ilustrado por Amanda Harvey

Scott Foresman

Mi familia es grande.

Yo quiero a papá y mamá.

También quiero a abuelo y abuela.

También quiero a mi hermana.
Mi hermana es grande.

También quiero a mi hermano.
Mi hermano es pequeño.

Y quiero a mi perrito.
También es pequeño.
Está en la canasta.

Quiero a mi familia.

Mi familia es grande.